CB140093

E 6122

A Pílula da Liderança

KEN BLANCHARD
MARC MUCHNICK

A PÍLULA DA LIDERANÇA

Tradução de
Fernando Santos

A GIRAFA

Copyright © 2003 A Girafa Editora Ltda.
Copyright © 2003 Free Press
Não é permitida a reprodução desta obra, parcial ou integralmente, sem a autorização expressa da editora e do autor.

Coordenação editorial: *Estúdio Sabiá*
Capa: *LY2 - Comunicação Visual*
Projeto gráfico: *Casa de Idéias*
Preparação de texto: *Cláudia Abeling*
Revisão: *Viviane Campos e Ceci Meira*

Dados Internacionais de Catalogação na Publicação (CIP)
(Câmara Brasileira do Livro, SP, Brasil)

Blanchard, Kenneth H.
A pílula da liderança / Kenneth H. Blanchard ;
(tradução de Fernando Santos). — São Paulo :
A Girafa Editora, 2003.

Título original: The leadership pill
Bibliografia.

ISBN 85-89876-13-6

1. Empregado - Motivação 2. Habilidade executiva 3. Liderança I. Título.

03-6138 CDD-658.4092

Índices para catálogo sistemático:

1. Administração executiva : Liderança organizacional 658.4092
2. Executivos : Capacidade de liderança : Administração executiva 658.4092
3. Liderança : Administração executiva 658.4092

Primeira edição
2003
Os direitos para publicação desta obra em língua portuguesa estão reservados por
A GIRAFA EDITORA LTDA.
Av. Angélica, 2503, cj. 125
01227-000 – São Paulo – SP
www.agirafa.com.br

Este livro é dedicado aos líderes das famílias Blanchard e Muchnick, do passado e do presente.

A nossas inspiradoras mulheres Margie Blanchard e Kim Muchnick.

Aos nossos descendentes Scott Blanchard e Debbie Blanchard Medina, Kurtis e Kyle Blanchard, Jessica e Blake Muchnick.

Aos membros de nossa família ampliada Humberto Medina, Tom McKee, Mark Manning, Adam e Cynthia Muchnick, William Moreland, Nicole e Matt Benak.

SUMÁRIO

Introdução

A força de trabalho é hoje mais sofisticada, heterogênea e informada do que nunca. Como resultado, o comportamento gerencial do tipo "tem de ser do meu jeito" não funciona mais. No fundo, as pessoas procuram por algo diferente — e melhor — na liderança das empresas. Elas exigem líderes que não apenas obtenham resultados, mas que ganhem a confiança e o respeito de suas equipes.

A Pílula da Liderança é uma parábola divertida que sublinha a necessidade de os líderes demonstrarem integridade, construírem uma cultura de parceria e reconhecerem a noção de valor das pessoas ao fazer com que elas saibam que seu trabalho é importante. Acreditamos que, quando percebemos o que as pessoas realmente querem, podemos superar qualquer concorrente — mesmo aquele que acha que encontrou a Pílula da Liderança perfeita.

Esperamos que, ao ler este livro, você descubra o que realmente é necessário para se tornar um Líder Eficaz; e que partilhe, então, essa descoberta com os outros, que se beneficiarão da poderosa mensagem e dos ensinamentos que ele contém. Lembre-se: liderança não é algo que você faz *para* as pessoas; é algo que você faz *com* elas.

Um grande abraço,
KEN E MARC

San Diego, Califórnia

A DESCOBERTA

Em um dia ensolarado na América Corporativa, a Indústria de Pílulas da Liderança (IPL) inaugurou sua primeira fábrica com um anúncio que recebeu imediata cobertura da mídia: "Nós podemos condensar todos os atributos da liderança eficaz em uma só pílula".

Anos de pesquisa e de estudos tinham finalmente sido compensados. A empresa acertou ao chamar o produto inovador de Pílula da Liderança e planejou lançá-lo maciçamente em todo o país.

A Pílula da Liderança foi recebida pela imprensa como uma novidade particularmente impressionante. Depois de lamentar a falta de líderes talentosos nas empresas, na política e em outras áreas, a mídia clamava por mais informação.

— Os resultados das pesquisas feitas pela indústria apóiam de modo inequívoco o lançamento da Pílula da Liderança — relatou o porta-voz da IPL.

A fim de determinar o mercado de seu novo produto, a Indústria de Pílulas da Liderança contratou uma assessoria independente para coordenar uma série de grupos que discutiriam diversas questões importantes. Uma delas, em especial, provocou uma reação apaixonada na maioria dos participantes: **"Entre todos os líderes que conheceu, quantos você considera realmente *grandes* líderes?"**

— Os dados obtidos nos grupos de discussão não deixam dúvidas — relatou a IPL à mídia após receber e analisar os resultados. — Presidentes e todos os diretores estão preocupados com o grau de falta de liderança entre seus quadros, particularmente na gerência média. Só alguns supervisores e funcionários de escalão mais baixo se lembram de algum dia ter trabalhado com um grande líder de verdade.

Estudos de caso conduzidos por psicólogos industriais em um centro especializado em liderança de âmbito nacional também ratificaram essas conclusões.

— A maioria das empresas, órgãos do governo e organizações sem fins lucrativos está atolada em uma crise sem fim de liderança — revelou o relatório da empresa. — Nesse quadro, o estresse e a insegurança no trabalho continuam a grassar no ambiente empresarial. Não há nenhum sinal de que a situação vá mudar se prosseguirmos assim.

A expectativa crescente pela chegada da Pílula da Liderança causou uma onda de entusiasmo. As salas da diretoria fervilhavam de ansiedade, os funcionários especulavam durante o café. Ninguém podia acreditar: — liderança numa pílula!

— Mas será que a Pílula da Liderança vai conseguir livrar o mundo dos gerentes medíocres e dos chefões autoritários? — muitos perguntavam. — Poderemos realmente acreditar na palavra dos líderes?

Essa era uma idéia deliciosamente tentadora, pensaram.

Ao mesmo tempo que o apoio à Pílula da Liderança era maciço, uma figura expressiva e reconhecida na área de liderança organizacional — conhecida como Líder Eficaz, devido às suas comprovadas habilidades no decorrer dos anos — fez um alerta importante.

— Se não misturarem os ingredientes de liderança na proporção correta, a Pílula da Liderança vai fazer mais mal do que bem — afirmou, durante um programa de televisão.

A ENTREVISTA COLETIVA

Em resposta à atenção que a Pílula da Liderança estava recebendo, a diretora de relações públicas da IPL convocou uma entrevista coletiva oficial. O evento foi transmitido ao vivo, simultaneamente, pela televisão e pela internet.

— Você pode garantir que a Pílula da Liderança realmente funciona? — perguntou um analista do Consórcio Internacional de Liderança.

— É claro — respondeu a diretora de RP da IPL, formada em comunicação empresarial. — Os testes prévios com a Pílula da Liderança foram tão convincentes que vamos devolver o dinheiro a quem não ficar satisfeito — disse, sorrindo.

O presidente do Escritório de Assuntos do Local de Trabalho se manifestou: — De que é feita, realmente, a Pílula da Liderança?

— O que eu posso dizer é que a Pílula da Liderança contém extratos das lições de líderes comprometidos com resultados, como Patton, Napoleão e Átila, o Huno — revelou a diretora de RP. — É uma poderosa combinação desses ingredientes.

Steve Cheney, da Associação de Dirigentes, perguntou: — Qual é a dose recomendada para supervisores recém-promovidos? Há alguma contra-indicação médica? A Pílula da Liderança foi aprovada pelo Ministério da Saúde?

— Steve, a Pílula da Liderança é completamente segura — respondeu a diretora de RP, confiante. — Ela estará disponível nas lojas ou diretamente no *site* da IPL: leadership-pill.com

Fazendo um sinal para interromper por um momento as perguntas, a diretora de RP tirou um frasco de Pílulas da Liderança da pasta.

— Peço que as câmeras dêem um *close* na parte de trás deste frasco para que os nossos telespectadores possam ver as instruções quanto à dosagem. Para os presentes, peço que olhem para o monitor à minha esquerda.

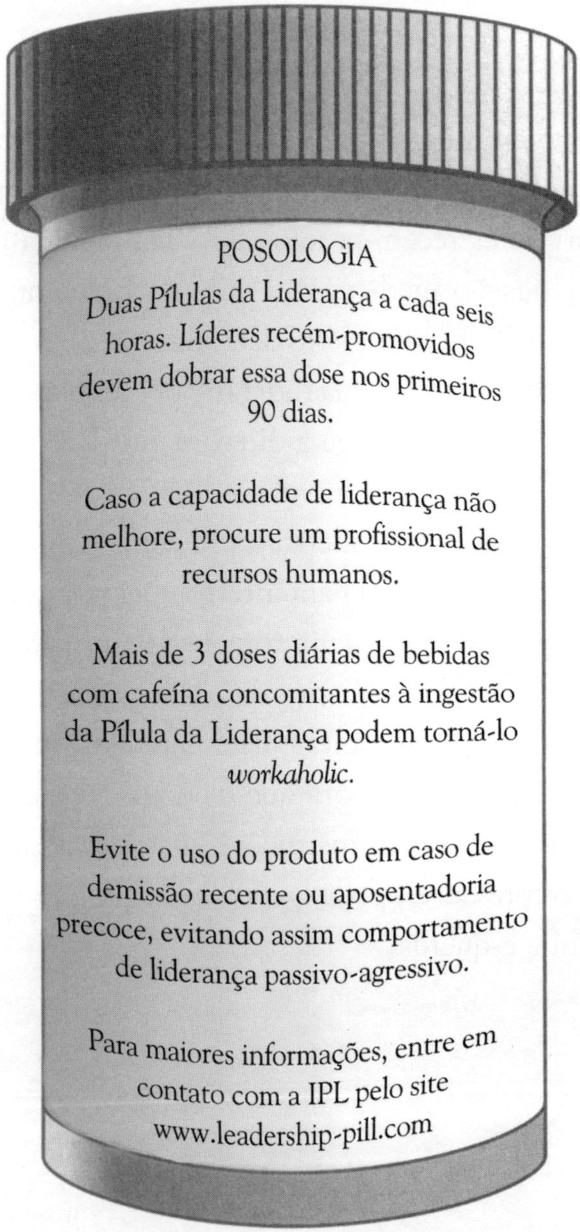
POSOLOGIA
Duas Pílulas da Liderança a cada seis horas. Líderes recém-promovidos devem dobrar essa dose nos primeiros 90 dias.
Caso a capacidade de liderança não melhore, procure um profissional de recursos humanos.
Mais de 3 doses diárias de bebidas com cafeína concomitantes à ingestão da Pílula da Liderança podem torná-lo *workaholic*.
Evite o uso do produto em caso de demissão recente ou aposentadoria precoce, evitando assim comportamento de liderança passivo-agressivo.
Para maiores informações, entre em contato com a IPL pelo site www.leadership-pill.com

O editor do *Diário da Liderança* — que anotava tudo cuidadosamente — finalmente perguntou o que todos queriam saber: — Mas como é que ela funciona? O que acontece quando tomamos a Pílula da Liderança?

— A Pílula da Liderança reforça a capacidade de liderar — explicou a diretora de RP. — Ao usá-la, você passa a se concentrar mais nas tarefas e nas ações; a habilidade em dirigir as pessoas e em atingir resultados aumenta. A Pílula da Liderança tem efeito rápido, levando-o a comandar como um líder. Não há nada igual.

— Incrível! — comentou o editor.

— É verdade — concordou a diretora de RP. — Mas ela não é uma solução instantânea mágica. Segundo os dados que obtivemos, a Pílula da Liderança aciona o centro de liderança que existe no cérebro por meio do estímulo de sua química natural. Funciona assim: uma dose e a lâmpada da liderança se acende. Você consegue fazer o trabalho em menos tempo, encontra prazer em cumprir prazos apertados e facilmente deixa a concorrência para trás. Ou seja, você se transforma em um super-herói da liderança!

— Isso é incrível *mesmo*! — ecoou Bobbi Cassidy, da Associação de Avaliação da Liderança. — E quanto tempo dura o efeito da Pílula da Liderança?

— Depende da pessoa. Vamos saber mais com o passar do tempo. Uma coisa, entretanto, é certa — disse a diretora de RP fazendo uma pausa para impressionar: — A Pílula da Liderança tem o potencial de se tornar a primeira "droga-maravilha" da América empresarial.

A onda

O burburinho que se seguiu à entrevista coletiva acendeu novas expectativas quanto à Pílula da Liderança; os pedidos não paravam de chegar à IPL. Em todos os setores empresariais, o interesse inicial na Pílula da Liderança era esmagador.

Em apenas uma semana, o *site* leadershippill.com recebeu mais de 7 milhões de visitas. As primeiras estatísticas mostravam que a pílula estava vendendo mais que o Viagra.

Logo a seguir, a Indústria de Pílulas da Liderança apresentou seu novo *slogan*: ***A Pílula da Liderança: quando liderar se torna uma necessidade.***

A grande campanha publicitária da IPL chamou a atenção de públicos variados. Distribuidores mundiais faziam fila para conseguir os direitos de licenciamento da Pílula da Liderança. Consórcios industriais foram criados para garantir melhores preços no atacado.

Numa iniciativa semelhante, consultores independentes constituíram as OPL — Organizações Pílula da Liderança — para se tornarem mais influentes. Gigantescos conglomerados de *marketing* se adiantaram para estabelecer parcerias estratégicas com a IPL.

A Pílula da Liderança espalhou-se rapidamente. Uma pesquisa nacional revelou que 87 por cento dos gerentes eram favoráveis ao uso.

Mesmo no setor público, em que os céticos tinham previsto uma fraca penetração, a Pílula da Liderança estava fazendo um grande barulho.

Testemunhos de clientes satisfeitos eram apresentados diariamente no *site* leadership-pill.com:

"Fazendo um retrospecto, vejo que passei a maior parte do meu tempo como líder apenas tentando me virar e sobreviver. A Pílula da Liderança mudou isso. Agora, em vez de reagir, tomo a iniciativa; eu decido com confiança. Obrigada, IPL."

Jill — Minneapolis, Minnesota
Diretora de Operações, Astor Pharmaceuticals

"Acabei de ser promovido a chefe de equipe e estou me saindo bem. A Pílula da Liderança é um verdadeiro salva-vidas."

Rob — Nova York, NY
Chefe de Equipe de Atendimento, JLC Wireless

"É difícil imaginar a vida antes da Pílula da Liderança. Como conseguíamos viver sem ela?"

Terry — Denver, Colorado
Diretor de Vendas, Powder Basin Ski Resort

Passados poucos meses, a Indústria de Pílulas da Liderança abriu o capital, e uma equipe de executivos foi contratada para supervisionar o crescimento alcançado. O *site* leadership-pill.com tornou-se referência não apenas para a venda do produto, mas também para o fornecimento de informação sobre vídeos, audiolivros e publicações de auto-ajuda relacionados à Pílula da Liderança.

O impulso era contagiante, e novas versões da Pílula da Liderança foram rapidamente lançadas em seqüência: pílulas coloridas sob encomenda, cápsulas de gel, e até mesmo uma versão com maior dosagem para líderes ocupados.

Atividades paralelas brotaram por toda parte: oficinas sobre a Pílula da Liderança, grupos de apoio e de assessoria. Consultores aproveitaram a ocasião para tornar os esclarecimentos sobre a Pílula de Alto Desempenho prioridade número um diante de seus clientes. Logo passaram a existir programas de conscientização sobre a Pílula da Liderança em praticamente todas as grandes empresas.

Enquanto isso, os fundadores da Indústria de Pílulas da Liderança converteram em dinheiro a maioria de suas opções de ações, assim como dezenas de empregados antigos da IPL. Eles foram chamados de "pilhionários" pelos entendidos de Wall Street, ao mesmo tempo em que os analistas perguntavam se essa venda maciça não queria dizer algo.

Mas as vendas da Pílula da Liderança continuavam fortes, e o futuro da IPL parecia, por ora, mais brilhante do que nunca.

O DESAFIO

No momento em que a popularidade da Pílula da Liderança estava no auge, o Líder Eficaz deu uma entrevista de primeira página no *Correio da Liderança,* que foi reproduzida em jornais de todo o país. O Líder Eficaz, que se constituíra em crítico severo da Pílula da Liderança, estava convencido de que ela era composta por ingredientes errados.

— O problema da Pílula da Liderança é de conteúdo. A IPL tentou impregnar o produto com lições clássicas de liderança, mas, aparentemente, extraíram a coisa errada — disse o Líder Eficaz. — Observei as pessoas que usam a Pílula da Liderança e percebi que elas só estão preocupadas em alcançar resultados. Os líderes verdadeiramente eficazes também conquistam a confiança e o respeito de sua equipe. Eles se sobressaem por transmitir poder e responsabilidade aos outros e por fazer com que as pessoas se conscientizem da sua própria importância.

Os comentários do Líder Eficaz semearam dúvidas quanto à Pílula da Liderança e provocaram uma enxurrada de perguntas na sede da IPL. Como reação ao caos crescente, o presidente da empresa foi procurar a diretora de relações públicas.

— O que está acontecendo aqui? — perguntou o presidente. — Você tem um minuto para me responder; já estou atrasado para o golfe.

— Em resumo, o Líder Eficaz insiste em que a nossa pílula é defeituosa. Ele propõe um Desafio Sem a Pílula para provar o que diz — explicou a diretora de RP.

— Espere um pouco... o *Líder Eficaz*? — refletiu o presidente. — Esse cara existe mesmo?

— O Líder Eficaz é, há décadas, um respeitado guru da administração. Sua visão sobre liderança está sintetizada na chamada que saiu na entrevista — disse a diretora de RP enquanto passava o artigo ao presidente:

Liderar pessoas
é o oposto de
tentar controlá-las.

— Esse Líder Eficaz precisa conhecer o programa — disse o presidente. — Ninguém mais lidera sem pílula; ele já devia saber disso.

— Eu tinha acabado de falar com ele ao telefone quando o senhor entrou — disse a diretora de RP. — O Líder Eficaz insiste em um Desafio Sem a Pílula. Ele diz que a mídia pediu que tornasse sua proposta pública em uma entrevista coletiva. A história estará nos jornais no dia seguinte à entrevista.

— Grande coisa! Diga-me, então, como funciona o Desafio Sem a Pílula — rosnou o presidente.

A diretora de RP fez uma pequena pausa. — É como um teste de sabor: liderança com a pílula *versus* liderança sem a pílula. Uma comissão independente seleciona duas equipes multifuncionais com baixo desempenho, que apresentem fraco atendimento ao cliente, moral baixo e lucratividade reduzida. O Líder Eficaz estará à frente de uma delas; o objetivo será transformá-la completamente no prazo de 12 meses, sem nem tocar na Pílula da Liderança.

— E quanto à outra equipe? — perguntou o presidente.

— A outra equipe serve de grupo de referência; ela é comandada por um líder que já trabalha na empresa e que deverá se abster de ingerir a Pílula da Liderança até que o Desafio Sem a Pílula comece — continuou a diretora de RP. — Depois disso, ele passará a tomá-la religiosamente durante o ano todo, enquanto tentará transformar o grupo de referência numa equipe de alto desempenho.

— Você deve estar brincando — disse o presidente com uma risadinha. — O Líder Eficaz está perdido; sem a Pílula da Liderança, é claro que ele vai perder. Esse Desafio Sem a Pílula pode se transformar em propaganda favorável para nós, ao mostrar por que a Pílula é tão essencial para a sobrevivência da liderança. Vou reunir imediatamente o pessoal de *marketing*. Informe esse Líder Eficaz que aceitamos o desafio. Vai ser moleza!

Desse modo, o Desafio Sem a Pílula tornou-se oficial.

Os preparativos

A comissão independente que presidia o Desafio Sem a Pílula examinou, durante várias semanas, empresas que estavam em dificuldades e agências governamentais ineficientes. Não foi difícil encontrar organizações que não funcionavam, considerando-se o cenário de transformação acelerada, competição extrema e líderes malpreparados em todo o meio empresarial.

Depois de uma cuidadosa avaliação, a comissão identificou duas empresas doentes que estavam longe de ser lucrativas. As pessoas com o pior desempenho foram então selecionadas como membros de duas novas equipes multifuncionais, uma em cada empresa. Esses dois grupos se tornariam as equipes do Desafio Sem a Pílula.

De acordo com o relatório da comissão independente, ambas as equipes claramente necessitavam de liderança eficaz. Elas tinham passado por diversas mudanças gerenciais nos últimos dois anos; seus membros eram descritos, nas avaliações de desempenho, como preguiçosos, desagregadores e apáticos. A noção de atendimento ao cliente era, no melhor dos casos, primária.

— Poucas pessoas nessas equipes fazem mais do que o mínimo necessário para ir levando — dizia a comissão independente. — A maioria delas prefere reclamar de práticas gerenciais injustas a assumir a responsabilidade de fazer o seu trabalho. Fica claro que elas percebem que é mais fácil ter um ataque cardíaco do que ser demitidas.

Conforme se aproximava o início do Desafio Sem a Pílula, profissionais da mídia de todo o país acorriam à cidade para garantir seus lugares, à espera de que o grande evento começasse. Representantes da Indústria de Pílulas da Liderança — incluindo o presidente e a diretora de RP — estavam sempre em público e se ofereciam para reuniões e entrevistas.

O Líder Eficaz também concordou em participar de uma breve sessão de perguntas e respostas com a imprensa na véspera do Desafio Sem a Pílula. Escolheu-se para a entrevista um amplo salão, que rapidamente ficou lotado com repórteres cheios de perguntas.

— Por que é preciso que o Desafio Sem a Pílula dure um ano inteiro? — perguntou Geraldine Garcia, conhecida comentarista da rede pública de rádio.

— Leva tempo para ser verdadeiramente eficaz quando se é responsável por uma equipe — disse o Líder Eficaz.

— Entendo — disse ela, balançando a cabeça em sinal de aprovação. — Trata-se, então, de dispor do tempo necessário para obter resultados.

— Liderar com eficácia quer dizer mais do que simplesmente obter resultados — respondeu o Líder Eficaz. — Significa conseguir o comprometimento da equipe. Muitos líderes se concentram apenas nos resultados e se esquecem de seu pessoal. Eles ficam em cima das pessoas até que o trabalho esteja pronto; a definição de sucesso é o rendimento profissional no curto prazo. O verdadeiro teste de liderança, por outro lado, é conquistar a confiança e o respeito da equipe, manter alta a motivação e ajudar a atingir novos patamares. Como resultado, a equipe trabalhará coesa e apresentará, de modo consistente, um bom desempenho por um longo período... mesmo se o líder não estiver por perto.

O grupo de repórteres refletia sobre o argumento do Líder Eficaz enquanto lia o que estava escrito no *pin* que ele trazia na lapela:

Liderança não é somente
o que acontece quando você está
presente; é o que acontece
quando você está ausente.

— Portanto, o que o senhor está nos dizendo basicamente é que em um ano vai transformar um grupo de pessoas de baixo desempenho (as quais o senhor nunca viu) em uma equipe multifuncional comprometida e altamente produtiva? E que, além disso, o senhor vai se abster completamente de tomar as Pílulas da Liderança do começo ao fim? — perguntou o correspondente da *Gazeta dos Trabalhadores* num tom de clara descrença.

— Exatamente — confirmou o Líder Eficaz.

— Teremos provas de que o senhor não estará tomando as pílulas?

— É claro que eu me submeterei a exames toxicológicos a qualquer momento — garantiu o Líder Eficaz.

— Além de não tomar as Pílulas da Liderança — interveio um repórter —, como o sucesso ou o fracasso de sua equipe no Desafio Sem a Pílula será avaliado em relação ao outro grupo?

— Usaremos o Triplo Resultado Final, definido pela comissão independente, para avaliar o progresso de ambas as equipes a cada trimestre — respondeu o Líder Eficaz.

— Acho que não estou entendendo — disse o repórter. — O que é o Triplo Resultado Final?

— O Triplo Resultado Final é o modo como os juízes medirão os três fatores de desempenho mais importantes — explicou o Líder Eficaz. — Ele apregoa que as grandes empresas são, ao mesmo tempo, as fornecedoras, as empregadoras e os investimentos escolhidos.

— É muita retórica para mim — disse o repórter. — O senhor poderia ser mais específico sobre como planeja medir cada parte do Triplo Resultado Final?

— Certamente. *Fornecedor* escolhido: a avaliação será feita por meio de pesquisas com nossos clientes para descobrir o quanto as expectativas foram ultrapassadas. Quando você transforma clientes em admiradores fanáticos, eles se tornam parte de sua equipe de vendas. Eles querem contar para todo mundo como são bem tratados.

— Entendo — respondeu o repórter.

— *Empregador* escolhido, a parte seguinte do Triplo Resultado Final: será medida pelo moral interno e pelo desempenho no trabalho — continuou o Líder Eficaz. — Existe um elo poderoso entre uma equipe motivada e outra que, de modo consistente, mantém uma produtividade constante.

— Isso nos leva de volta ao que o senhor disse sobre como líderes eficazes obtêm de sua equipe tanto o comprometimento como os resultados — observou o repórter.

— Precisamente. A última parte do Triplo Resultado Final (*investimento* escolhido) tem tudo a ver com o financeiro. O lucro tem de ser medido dentro da equação de desempenho.

— Essa história toda de admiradores fanáticos e de motivação... — interrompeu um colunista do *Por Dentro da Empresa.* — No final das contas, não é o financeiro que importa?

— Permita-me discordar — disse o Líder Eficaz. — Antes de encerrar, quero deixar-lhes um pensamento sobre o qual gostaria que refletissem. Tirou outro *pin* do bolso e o colocou na lapela ao lado do primeiro para que o grupo pudesse ler:

O lucro é o aplauso que você recebe por cuidar de seus clientes e por proporcionar um ambiente de motivação para as pessoas.

A entrevista terminou e o pessoal da imprensa se dispersou. Muitos deles estavam céticos quanto às possibilidades de vitória do Líder Eficaz.

No final da tarde, surgiu o rumor de que a probabilidade de o Líder Eficaz tentar surrupiar algumas Pílulas da Liderança antes que o Desafio Sem a Pílula terminasse era de 20 para um. Mas na manhã seguinte a verdadeira história começaria a se revelar.

A Composição Secreta

No primeiro dia do Desafio Sem a Pílula, o Líder Eficaz chegou pontualmente à reunião das 8 da manhã agendada com sua nova equipe multifuncional, que fora selecionada pela comissão independente. Entretanto, às 8h15, ele ainda era o único presente na sala de reuniões.

Vagarosamente, as pessoas começaram a entrar na sala, a maioria como se estivesse ainda meio dormindo. Nenhuma delas cumprimentou o Líder Eficaz; ninguém ao menos sorriu.

— Bem, é ótimo finalmente encontrar todos vocês — observou o Líder Eficaz. Suas palavras foram recebidas com olhares vazios e testas franzidas.

— Tenho certeza de que todos estão curiosos para saber um pouco mais sobre o tal Desafio Sem a Pílula — continuou o Líder Eficaz, ignorando a fria recepção.

— Sim, por exemplo, por que nós fomos escolhidos para a equipe errada — gemeu Javier Robles, encarregado de recursos humanos. — Com o senhor, sem tomar a Pílula da Liderança, enquanto o líder do outro grupo se enche delas, não temos a menor chance. Daqui a 12 meses estaremos todos procurando emprego, mas ninguém vai nos contratar; seremos conhecidos como os "fracassados sem pílula" para o resto da vida.

— Bem, Javier — respondeu o Líder Eficaz ao olhar o nome de Javier no crachá —, desde que conheci a Composição Secreta da liderança eficaz estou para ver um grupo de pessoas que seja incapaz de se tornar uma equipe comprometida e de alto desempenho.

— A *Composição Secreta*? Isso parece a nova invenção de uma rede de cafés — Javier riu. — O que o senhor vai fazer? Nos torrar até que a gente se submeta?

— Sinceramente, espero que não — disse o Líder Eficaz com um largo sorriso —, embora eu *realmente* pretenda fazer dos três ingredientes da Composição Secreta a base do nosso trabalho enquanto equipe.

— Chega, então, de suspense e de metáforas com café, e passe-nos as características da Composição Secreta — disse Mary Weisman, do departamento de operações, já ficando impaciente. Ela estava na empresa há mais tempo que os demais.

— Com todo o respeito, Mary, simplesmente *dizer* a vocês não é a melhor maneira de aprender. Francamente, eu cometi uma série de erros como líder e aprendi bastante na Escola Pão que o Diabo Amassou antes de descobrir a beleza da Composição Secreta. A melhor maneira de lidar com isso é começar com a sua própria definição de liderança — disse o Líder Eficaz, enquanto apontava para a pergunta escrita no quadro branco atrás de si: — **Se você pudesse escolher as características que um líder deveria ter, qual seria sua escolha?**

A sala ficou em silêncio. Muitos minutos se passaram até que Denzel Frederick, o principal representante de vendas, falou: — As características que eu gostaria de ver em um líder? Que tal um líder que desaparecesse para sempre?!

Todo mundo se encolheu. O Líder Eficaz não se perturbou com a piada.

— Se você fosse o gênio da lâmpada, Denzel, acho que eu estaria em dificuldade. Que tal outra idéia? — sugeriu.

— OK — disse Denzel, percebendo que sua tentativa de irritar falhara. — Eu gostaria que os líderes simplesmente nos dissessem a verdade; o senhor sabe, honestidade em vez de mentiras.

— Aprecio sua franqueza — elogiou o Líder Eficaz. — Você poderia me dar um exemplo?

— *Eu* posso! — interrompeu Daniel Noonan, que ultimamente procurava dar uma polida no currículo. — É quando os altos executivos nos dizem que não haverá demissões e, três semanas mais tarde, metade da minha equipe de projeto está no seguro-desemprego.

— Você está *certíssimo*! — disse Li Young Kitoko, engenheira de *software*. Ela seguira, de propósito, uma carreira em TI não ligada à área gerencial, devido à desilusão com a estrutura de poder nas empresas. — Confio mais em um político do que em um gerente.

— O que todos vocês estão me dizendo é que querem que os líderes sejam francos — resumiu o Líder Eficaz. — Vocês querem que eles ajam de acordo com o que dizem.

— Sim, eu quero líderes que façam o que dizem que vão fazer — concordou Li Young.

— Todas as pesquisas mostram que a coisa mais importante em um líder é a integridade — continuou o Líder Eficaz. — Integridade é criar um conjunto de valores e passar a viver de acordo com eles. Quando as ações de um líder personificam as crenças da organização, o resultado é uma cultura baseada em valores. *Essa* é a essência da **integridade**, o primeiro ingrediente da Composição Secreta.

O Líder Eficaz prosseguiu, escrevendo uma nova mensagem no quadro branco:

A *integridade*
constrói os alicerces
da confiança e do respeito.

— Eu gostaria de ter a sensação de estarmos todos no mesmo barco — observou Melissa Eckert, gerente de banco de dados. — As regras parecem ser diferentes para qualquer um que tenha o título de líder.

— Seja mais precisa — disse o Líder Eficaz.

— O dinheiro, o reconhecimento e o poder parecem se mover para o alto da hierarquia, longe das pessoas que fazem todo o trabalho e que estão próximas dos clientes — explicou Melissa. — Isso não é o que eu chamo estar no mesmo barco.

— É a sensação de estar desligado. Cada um de nós tem a ver com o problema — observou Larry Jensen, do *marketing*. — Estamos tão preocupados em promover nossos próprios interesses e em proteger nosso próprio espaço que esquecemos que estamos na mesma equipe.

— Às vezes é fácil ficar absorvido consigo próprio e só pensar no seu espaço, Larry — observou o Líder Eficaz. — O segundo ingrediente da Composição Secreta, a **parceria**, implica que os líderes precisam ajudar sua equipe a trabalhar, a aprender e a crescer juntos, unidos. — Ele anotou no quadro branco:

A *parceria*
colhe o potencial
da equipe.

— O que mais vocês gostariam que um líder tivesse? — perguntou o Líder Eficaz.

— Eu gostaria que os líderes soubessem quem nós somos — respondeu Sarah Hawkins, que trabalhava em contas a receber.

— Isso também está na minha lista — disse Ryan Fletcher, um funcionário temporário do atendimento a clientes. — A única vez em que o meu último chefe falou comigo foi quando aconteceu um problema; acho que ele nem sabia o meu nome.

— Os bons líderes conhecem as pessoas independentemente de suas posições — ressaltou o Líder Eficaz. — Eles descobrem como fazer que cada um seja especial na equipe.

— Desculpe, gente, mas eu não agüento esse negócio de calor humano — disse o supervisor de produção Mo Zellinger, com cara de nojo.

— Por quê? — perguntou o Líder Eficaz. — Você não gosta de saber que é valorizado?

— Eu tenho de fazer o meu trabalho quer me sinta valorizado ou não — respondeu Mo. — Eu não sou pago para ser feliz.

— Sua apatia parece se encaixar bem no ambiente que existe aqui — observou o Líder Eficaz.

— Qual é o seu argumento então? — insistiu Mo.

— Meu argumento é que não me parece que a maioria de vocês reclame por estar sendo reconhecida demais. **Reconhecimento** (o ingrediente final da Composição Secreta para a liderança eficaz) faz as pessoas se sentirem valorizadas.

O Líder Eficaz dirigiu mais uma vez a atenção da equipe para o quadro branco:

O *reconhecimento* permite que as pessoas saibam que o que elas fazem é importante.

O Líder Eficaz fez uma pequena pausa e observou o rosto de cada membro da equipe. Então perguntou:

— Se eu conseguir atender às suas expectativas relativamente ao que disseram esperar de um líder (integridade, parceria e reconhecimento), vocês acreditam que poderemos juntos nos tornar uma equipe de alto desempenho e vencer o Desafio Sem a Pílula?

Vários membros da equipe balançaram a cabeça em sinal de aprovação. Outros pareciam não querer se comprometer e simplesmente esperavam que o Líder Eficaz prosseguisse.

— De hoje até nossa próxima reunião quero que vocês reflitam sobre quais serão nossos papéis na tarefa de tornar realidade esses três ingredientes da Composição Secreta — disse o Líder Eficaz. — Espero encontrá-los todos na próxima reunião no horário marcado.

À medida que o grupo deixava a sala, o Líder Eficaz percebeu que, enquanto alguns membros da equipe pareciam mais despertos e cheios de energia que antes, outros claramente não estavam aceitando a proposta. *Vai começar a diversão*, pensou consigo mesmo.

A BUSCA PELA INTEGRIDADE

No final daquela semana, o Líder Eficaz passou pela primeira etapa dos testes toxicológicos e os resultados foram comunicados à Indústria de Pílulas da Liderança e à mídia. Logo se espalhou a notícia de que ele não usava a pílula e que sua equipe estava progredindo. Entretanto, alguns sinais iniciais já indicavam que o grupo de referência do Desafio Sem a Pílula alcançava resultados parciais consideráveis em cada um dos três níveis do Triplo Resultado Final. A equipe do Líder Eficaz, ao contrário, começava devagar.

Na manhã da segunda reunião, o Líder Eficaz encontrou-se com dois membros da equipe na entrada da sala de reuniões, às 7h50 da manhã.

— Queremos garantir um bom lugar — explicaram. Às 8 horas, mais da metade da equipe tinha chegado e se sentado.

— Obrigado pela presença — disse o Líder Eficaz. — É sempre um bom sinal. Onde nós paramos?

— Mas e os outros? — interrompeu Denzel Frederick.

— Podemos começar sem eles.

— Eu pensei que o senhor achasse que o mais importante é ser uma equipe — disse Denzel.

— E eu acho — respondeu o Líder Eficaz. — Mas equipes de alto desempenho não podem diminuir o ritmo para acompanhar quem não consegue cumprir os compromissos. Todos nós concordamos em estar aqui hoje de manhã. As pessoas que não fazem o que dizem mostram falta de respeito com os outros; sua integridade está em jogo.

— Parece que voltamos à Combinação Secreta — disse Melissa Eckert.

— Sim, certamente a Combinação Secreta se aplica a esta situação — concordou o Líder Eficaz. — De fato, o primeiro passo para que se chegue a uma cultura de integridade é organizar uma infraestrutura de confiança e de respeito. Vamos conversar sobre as maneiras pelas quais vocês e eu podemos fazer com que isso aconteça por meio da liderança eficaz.

— Eu pensei que liderar fosse *seu* trabalho — disse Melissa.

— É verdade. Mas eu não posso ser eficaz a menos que cada um de vocês faça sua parte a partir de uma perspectiva de autoliderança. É uma via de mão dupla — ressaltou o Líder Eficaz enquanto se virava para o quadro branco.

Liderança não é algo que
você faz *para* as pessoas,
é algo que você faz *com* elas.

— O senhor mencionou que a chave para a integridade é a confiança e o respeito — disse Sarah Hawkins. — Eles não são a mesma coisa?

— Não exatamente — respondeu o Líder Eficaz. — Comecemos com o respeito. Se eu respeito você, eu a encaro. Isso quer dizer que eu quero envolvê-la na tomada de decisões e ouvir suas opiniões. Essa é a razão pela qual liderança é algo que nós fazemos juntos. Em um ambiente em que o nível de respeito é baixo, entretanto, eu não me importo com o que você pensa. Se eu não a respeito, viro as costas para você.

— Isso lembra os líderes todos que já tivemos — disse Sarah.

— Infelizmente, alguns líderes pensam que foram *eles* que inventaram todas as coisas boas — observou o Líder Eficaz. — Agem como se não precisassem se preocupar com o que os outros pensam.

— Mas o respeito deve vir dos dois lados, não é? — perguntou Li Young Kitoko.

— Certamente. Por exemplo: espero que você me ouça do mesmo modo que pretendo ouvi-la — disse o Líder Eficaz.

— Tive uma idéia para fazer o respeito virar realidade por aqui — anunciou Daniel Noonan, enquanto Mo Zellinger, Mary Weisman e Javier Robles entravam vagarosamente na sala.

— Vamos ouvi-la — encorajou o Líder Eficaz.

— Devemos valorizar a Regra de Ouro: não faça aos outros o que não quer que façam com você — continuou Daniel. — Como gerente de projetos, quero que minhas opiniões sejam respeitadas; portanto, tenho de respeitar as dos outros.

— Liderar por meio do exemplo é um outro jeito de fazer com que exista respeito — completou Ryan Fletcher. — O modo como falo com os clientes determina como eles me enxergam e à nossa empresa. Meu comportamento tem um impacto direto em seu nível de respeito.

— O caminho é esse mesmo — disse o Líder Eficaz, enquanto se virava e escrevia no quadro branco:

Liderar com integridade
significa ser a pessoa que
você quer que os outros sejam.

— E quanto à confiança? — perguntou Ryan.

— A confiança existe quando eu lhe passo o bastão e deixo você tomar conta de algo — declarou o Líder Eficaz. — Quando sei que, se eu *não* estiver presente, você se comportará tão bem como se estivesse.

— Espero que tenha sorte se tentar implantar isso por aqui — disse Javier, dando uma risadinha.

— Para conseguir um ambiente em que exista confiança é preciso ter um conjunto de valores que oriente o comportamento das pessoas que estão trabalhando para atingir os objetivos da empresa — respondeu o Líder Eficaz sem fazer caso do cinismo de Javier.

— Penso que o senhor gostaria que os nossos três valores fossem integridade, parceria e reconhecimento — disse Denzel Frederick com afetação.

— Bem, e o que *você* acha?

— Se vamos trabalhar em equipe então acho que esses valores fazem sentido — concordou Denzel.

— A importância de viver de acordo com os valores da nossa Combinação Secreta vai ficar ainda mais clara quando aprendermos mais sobre eles — garantiu o Líder Eficaz.

— O senhor leva esse negócio bem a sério — disse Mary Weisman.

— Penso que todos nós deveríamos. Conheço empresas que expõem seus valores em placas e *banners* pendurados nas paredes, mas todo mundo ri deles. Ninguém os usa para tomar decisões, e os líderes não exigem que as pessoas se comportem de acordo com eles — explicou o Líder Eficaz. — Esse desrespeito aos valores da organização leva à quebra de confiança. — Voltou-se novamente para o quadro branco e escreveu:

A confiança acontece quando valores e comportamentos coincidem.

— Como podemos começar a fazer deste lugar um ambiente de confiança e de respeito? — perguntou Melissa Eckert.

— Primeiramente, gostaria que vocês fizessem duas listas: uma, com as três coisas de que mais gostam na empresa; e outra, com as três que realmente detestam — disse o Líder Eficaz.

Ninguém teve dificuldade em montar as listas. Ao analisar o exercício, o Líder Eficaz pediu aos membros do grupo que partilhassem suas escolhas. "Trabalho interessante" foi citado como o aspecto mais positivo, seguido por "salário decente" e "condições agradáveis de trabalho". "Promessas não cumpridas" liderava a lista dos aspectos negativos, com "ausência de espírito de equipe" e "baixo reconhecimento pelos resultados" logo atrás.

— Por que não nos concentramos apenas nas coisas boas? — perguntou Li Young Kitoko.

— Precisamos saber o que não está funcionando para que possamos identificar onde devemos começar a fazer as mudanças. Um aspecto-chave de se ter integridade é que confiamos uns nos outros de tal maneira que podemos compartilhar tanto nossos pontos fortes como os fracos. Quando sabemos que não seremos massacrados por causa de nossas deficiências, podemos trabalhar para superá-las — disse o Líder Eficaz.

À medida que os membros da equipe continuavam a buscar os caminhos para a criação de um clima de respeito e de confiança, a ligação entre o valor integridade da Combinação Secreta e a capacidade deles de agir eficazmente como equipe ficava evidente.

Eles se esforçavam para ganhar o respeito dos colegas, dos clientes e do Líder Eficaz escutando atentamente e tomando a iniciativa de ajudar. Nas reuniões seguintes, levaram uma relação não apenas das vitórias, mas também das situações em que não alcançaram os objetivos. Gradualmente, um sentimento de confiança amadurecia entre os membros da equipe e entre eles e o Líder Eficaz. Ele também estava fazendo sua parte para enriquecer a cultura de integridade que se desenvolvia.

Na reunião seguinte, o Líder Eficaz observou:

— Muitos gerentes enfatizam o fato de praticar a política de porta aberta quando na verdade ela vive trancada. Quando não estão escondidos em suas salas ou em almoços que duram três horas, trazem estampado na cara fechada o aviso de "entrada proibida". Nunca se sabe como lidar com eles.

— Essa é uma descrição perfeita dos líderes que vieram antes do senhor — comentou Mo Zellinger. — Mas como vamos saber se o senhor não será como eles?

— Os líderes que se comprometem a ser verdadeiramente acessíveis a seus liderados o fazem eliminando todas as conjecturas, Mo. Eles demonstram sua integridade ao se comportar de acordo com os mesmos valores cuja obediência cobram de sua equipe. Este fato ressalta a importância de nós precisarmos justificar, de forma consistente, os valores da Combinação Secreta — ressaltou o Líder Eficaz, enquanto registrava uma nova mensagem no quadro branco:

As pessoas se sentem mais dispostas a confiar em você e a respeitá-lo quando o que diz e o que faz são a mesma coisa.

O Líder Eficaz apresentou, então, um sistema *on-line* para agendar reuniões com ele. Também instituiu o que chamou de Política de Segundas-Feiras Sem Reunião.

— Mais adiante vocês terão acesso direto à minha agenda. Observem que não marquei nenhuma reunião externa ou conferência telefônica às segundas-feiras — disse ele. — Isso garantirá pelo menos um dia inteiro por semana para eu me dedicar ao treinamento individual e a uma conversa informal e produtiva com cada um de vocês. À medida que continuarmos a trabalhar juntos (e vocês confiarem em mim e eu em vocês), provavelmente não terei mais de reservar todo esse tempo.

A equipe vibrou ao ver o Líder Eficaz fazer o que dizia, o que refletia seu comprometimento com o valor integridade da Combinação Secreta. Entretanto, ao fim do primeiro trimestre do Desafio Sem a Pílula, as pessoas ainda estavam um pouco hesitantes em confiar totalmente nele.

O IMPERATIVO DA PARCERIA

Os resultados do primeiro trimestre do Desafio Sem a Pílula foram publicados em um *press release* divulgado pela comissão independente de avaliadores. Embora a equipe do Líder Eficaz tivesse progredido firmemente na construção da integridade, seu Triplo Resultado Final não estava melhorando tão rapidamente quanto o do grupo de referência.

— Temos uma base sólida para o crescimento — disse o Líder Eficaz aos repórteres. — Seria irreal imaginar que se pode transformar uma equipe que não funciona numa de alto desempenho em apenas 90 dias. Não desistam de nós ainda.

O grupo de referência, por outro lado, apresentava ganhos significativos em todas as três áreas de análise do Triplo Resultado Final. O líder dessa equipe, que, conforme planejado, estava submetido a um severo regime de Pílulas da Liderança, foi saudado por sua decisão, energia e confiança.

— Que o mundo seja testemunha da força da Pílula da Liderança! — gabou-se o presidente da IPL em uma entrevista televisionada. — Atendimento ao cliente, moral e produtividade estão melhorando a cada dia, bem como a lucratividade. É uma pílula poderosa!

O preço das ações da IPL subiu com as notícias favoráveis. A primeira página dos principais jornais estampava o sucesso da Pílula da Liderança. Jornais populares traziam reportagens de capa sobre o produto com títulos chamativos do tipo "Pílula do Século", "Uma Ajudinha Para o Líder" e "A Droga Mais Segura da América".

O Líder Eficaz não se deixou intimidar com a dianteira do grupo de referência nem com o fato de que os outros tinham disparado na saída e continuavam na frente. Sua primeira atitude no início do segundo trimestre do Desafio Sem a Pílula foi fazer uma visita tarde da noite à fábrica de sua equipe.

— O que o traz ao turno da madrugada? — perguntou o representante sindical. — Alguém se esqueceu de marcar o ponto?

— Não se preocupe, eu não mordo — assegurou o Líder Eficaz.

— Mas, então, por que a visita inesperada?

— Queria saber se poderia dar uma mão. Ainda não tive a oportunidade de encontrar todos vocês e achei que seria uma boa maneira de me apresentar — replicou o Líder Eficaz.

— O senhor deve adorar uma punição! — insistiu o representante sindical.

— Pode ser que você tenha razão — disse o Líder Eficaz. — Mas eu estou acostumado a arregaçar as mangas.

Eles ainda brincaram um pouco, e então o Líder Eficaz pegou no pesado. No final do turno, o representante sindical chamou-o de lado e comentou: — Este foi um grande passo para construir uma parceria mais estreita entre os trabalhadores e a gerência. Esta noite o senhor mostrou a todos nós que valoriza o nosso trabalho.

O Líder Eficaz ficou por ali para tomar café e comer uns biscoitos com o pessoal. Depois do que lhe pareceu uma seqüência interminável de cafés e biscoitos, ele se despediu e foi para casa, já de manhã, para um merecido descanso.

Mais tarde, o Líder Eficaz voltou para uma reunião com a equipe. Ele escreveu a seguinte mensagem no quadro branco:

A chave para a liderança eficaz é a relação que você estabelece com sua equipe.

— Por que ele mudou o horário da reunião para o meio-dia? — perguntou Li Young Kitoko ao entrar na sala.

— Parece que ele teve uma noite difícil — sussurrou Ryan Fletcher, rindo. — Vai ver que está de ressaca.

— Boa tarde a todos — saudou o Líder Eficaz ignorando os comentários. — Obrigado por se arranjarem com a mudança de horário de última hora. Fiz uma visita proveitosa ontem à noite ao pessoal do turno da madrugada.

— É mesmo? — Ryan engasgou surpreso. — Nenhum gerente nunca foi lá.

— Você mesmo deveria ir um dia; tenho certeza de que eles gostariam. Às vezes é fácil esquecer que estamos todos no mesmo barco.

— Bem, quais são os planos hoje? — perguntou Larry Jensen. — Estou ficando com fome.

— Não se preocupe, nós vamos comer — replicou o Líder Eficaz.

— Ótimo! — disse Larry. — O senhor vai nos levar a algum lugar simpático?

— Desculpe, Larry, não desta vez — disse o Líder Eficaz, sorrindo. — Eu trouxe comida.

— Está me parecendo um almoço de trabalho — gemeu Mary Weisman.

— Eu o chamaria de sessão almoce-e-aprenda. Há umas coisas interessantes que eu gostaria de revisar com vocês hoje.

Na meia hora seguinte, o Líder Eficaz discutiu o quadro geral no qual a empresa se inseria. Deu-lhes uma prévia do orçamento revisto e da previsão de receita, e a seguir passou-lhes uma cópia do relatório do último trimestre.

— Uau! — exclamou Daniel Noonan ao folhear, junto com os membros de sua equipe, o relatório com os números. — Nunca vi nada disso antes!

— Agora eu entendo por que estamos tão mal em contas a receber — disse Sarah Hawkins. — Dêem uma olhada em todos esses pagamentos vencidos!

— Pensem em quanto dinheiro temos lá fora para receber — observou Mo Zellinger. — Não é de estranhar que o lucro esteja tão abaixo do esperado.

— A maioria dos gerentes nunca mostra a suas equipes relatórios deste nível — observou o Líder Eficaz. — Eles agem como se fosse informação ultra-secreta. Essa atitude é, fundamentalmente, o oposto de trabalhar em parceria. As pessoas ficam vagando no escuro, atirando em alvos que nem ao menos conseguem ver.

— Conheço essa sensação — disse Javier Robles. — Eu sou responsável pelo preenchimento dos postos de trabalho vagos; mas eu só fico sabendo quantas pessoas deixaram a empresa 30 dias depois que elas saíram.

— O nosso último chefe achava que éramos burros demais para entender os números — acrescentou Denzel Frederick.

— Se vocês conseguem controlar seu saldo bancário, conseguem ler um relatório gerencial — replicou o Líder Eficaz. — O segundo valor da Combinação Secreta baseia-se em partilhar esse tipo de informação. Em sua essência, a parceria sintetiza a via de mão dupla: tanto eu como vocês temos o ônus e o bônus. Afinal de contas, não quero ser o único a passar a noite acordado!

Quando o almoço chegou, ele escreveu esta nota no quadro branco:

Quando você compartilha
as informações, todos ficam
no mesmo nível.

O grupo continuou a discutir essas idéias durante o almoço e, finalmente, terminou de comer.

— Deixe-me pedir mais uma coisa a vocês antes de terminarmos esta reunião — disse o Líder Eficaz. — Como sabem, reservei as segundas-feiras com o único objetivo de passar um período de tempo com vocês que possa ser construtivo. Eu gostaria de marcar conversas individuais com a duração de 15 a 30 minutos.

— Não entendo. Por que motivo? — perguntou Mary Weisman.

— Marcando conversas individuais, tenho a garantia de me encontrar com cada um de vocês regularmente — respondeu o Líder Eficaz. — Em outras palavras, quero conversar sobre suas preocupações e como eu posso ajudar. Quero discutir os *seus* assuntos; é a sua vez de se fazerem ouvidos por mim. No fundo, quero que saibam que não estou aqui simplesmente para avaliar seu desempenho; quero trabalhar em parceria com vocês e ajudá-los a vencer. E, quando vocês vencem, eu venço.

— Parece-me uma proposta vencedora. — Melissa Eckert sorriu.

As sessões almoce-e-aprenda continuaram durante os três meses seguintes. Larry Jensen e Sarah Hawkins tomaram a iniciativa de sugerir suas próprias sessões para os colegas que queriam saber mais sobre *marketing* e finanças. Para satisfação delas, as reuniões contaram com um bom público.

Conforme transcorriam as semanas, o teste do uso da Pílula da Liderança continuava a dar negativo para o Líder Eficaz. No decorrer do segundo trimestre do Desafio Sem a Pílula, ele desenvolveu novos métodos de construção de parceria por meio de aprendizado compartilhado. Primeiro, organizou um projeto de aconselhamento em que os membros seniores da equipe ajudavam a aclimatar os recém-contratados assim que estes entravam na empresa. Depois, começou a convidar membros da equipe para reuniões a que antes comparecia sozinho.

— Quero colocá-los no meio da briga para que adquiram uma experiência sólida e possam aprender — explicou o Líder Eficaz.

Ele também continuou a ter encontros individuais com cada um dos membros da equipe. No começo, eles eram um pouco cautelosos quanto a compartilhar suas preocupações e necessidades. Mas como o Líder Eficaz não os puniu — mesmo ao compartilharem algumas notícias ruins — passaram a confiar no processo. O regime de aprendizado semanal continuado criou um seguro fluxo de informação de mão dupla; isso ajudou o Líder Eficaz a fazer a transição do papel de dirigente da equipe para algo mais parecido com um instrutor.

Além disso, estimulou a cultura de parceria ao estabelecer um processo de aprendizado colaborativo que incluía treinamento cruzado e alternância de funções. Quando a iniciativa se consolidou, novas possibilidades de carreira surgiram e o conjunto de habilidades da equipe se expandiu.

A última coisa que o Líder Eficaz implantou no segundo trimestre do Desafio Sem a Pílula foi um programa supervisionado de liderança destinado aos membros da equipe que se interessassem. Melissa Eckert foi a primeira voluntária.

— Gostaria que você dirigisse a reunião da próxima semana — disse-lhe o Líder Eficaz quando ela se inscreveu. — É a última reunião do trimestre.

— Não estou entendendo; o senhor estará fora da cidade, ou algo assim? — perguntou Melissa.

— Não, só pensei que talvez você gostaria de arriscar — respondeu ele. — Muitos gerentes pensam que eles são os únicos capazes de dirigir uma reunião. Elas tomam uma parte grande do meu tempo, por isso acho que é bom ter alguém com quem dividir esse encargo. Além disso, é importante que você adquira a capacidade de dirigir grupos.

— Vou tentar, mas não tenho a menor idéia do que fazer diante das pessoas — Melissa confessou.

— Eu ensino — prometeu o Líder Eficaz. — O objetivo é que você seja bem-sucedida, não que fracasse.

Melissa encontrou-se diversas vezes naquela semana com o Líder Eficaz para aperfeiçoar suas habilidades.

— Você se sairá bem. Não se preocupe caso se sinta um pouco nervosa.

Na manhã da reunião, todos os membros da equipe estavam na sala às 8 horas... algo que nunca tinha acontecido. — Pelo menos *isso* é um bom sinal — suspirou Melissa. Ela voltou-se uma última vez para o Líder Eficaz; seu olhar confiante deixou-a tranqüila e ela cumprimentou o grupo.

Uma vez tendo começado, Melissa não olhou para trás. Logo ficou claro que ela estava mais bem preparada do que se imaginaria. Ao terminar, usou o quadro branco para compartilhar o que havia aprendido sobre parceria naquela semana:

É mais fácil chegar ao topo da montanha quando a escalamos juntos.

Nos dias que se seguiram, a equipe levou a sério a mensagem de Melissa. "Escalar a montanha juntos" era muito mais do que simplesmente trabalhar em conjunto com o Líder Eficaz; significava também construir um forte sentimento de parceria uns com os outros. Ao fazer o balanço final, eles sabiam que precisavam se apoiar mutuamente mais e estar dispostos a se ajudarem. Melissa deu o primeiro passo ao se pôr à disposição de quem quisesse aprender a conduzir reuniões de maneira eficaz. Li Young Kitoko tomou a iniciativa de trabalhar para eliminar as falhas do *software* do sistema de informações da área de recursos humanos, que impediam que Javier Robles obtivesse, em tempo real, estatísticas de contratação e dados sobre solicitação de emprego. Os exemplos foram surgindo pouco a pouco, e uma cultura de comprometimento e reciprocidade começou a nascer na equipe.

A ARTE DO RECONHECIMENTO

Os resultados do segundo trimestre do Desafio Sem a Pílula foram apresentados à imprensa. Assim como no trimestre anterior, o grupo de referência mostrou melhor desempenho nos itens atendimento ao cliente e lucro; quanto ao moral, entretanto, ele começou a mostrar tendência de queda. A equipe do Líder Eficaz, ao contrário, obteve algum ganho real em cada um dos indicadores do Triplo Resultado Final.

— Estamos progredindo de modo consistente para nos tornarmos o fornecedor, o empregador e o investimento escolhidos — comentou o Líder Eficaz. — Ainda falta muito para o jogo terminar, e nós vamos vencê-lo sem a Pílula da Liderança.

O Líder Eficaz estava determinado a capitalizar as conquistas de sua equipe. Na reunião seguinte, reviu os resultados do segundo trimestre do Desafio Sem a Pílula com o grupo.

— Agradeço pelo esforço. Embora ainda tenhamos um longo caminho a percorrer, estamos realizando um trabalho muito melhor, com integridade e parceria. Precisamos agora achar um modo de continuar em frente para que possamos maximizar o nosso Triplo Resultado Final. É aqui que entra em ação o terceiro valor da Combinação Secreta: o reconhecimento.

— E como fazer isso? — perguntou Daniel Noonan.

— Um jeito simples é dizer obrigado. O fato de você demonstrar às pessoas que aprecia seus esforços e reconhece a importância do seu trabalho faz uma enorme diferença no modo como se sentem em relação a elas próprias — disse o Líder Eficaz. — O segredo é seguir as regras do elogio eficaz.

— As regras? — reagiu Daniel.

— Sim — replicou ele. — O elogio é mais eficaz quando é específico, sincero e feito assim que o comportamento esperado acontece. Ele deve ser aplicado de forma coerente somente nas situações que o justifiquem, e não cada vez que alguém faz uma coisa certa.

— Acompanhei todo o seu raciocínio até a última parte sobre não elogiar a toda hora — disse Daniel.

— Procure enxergar deste modo, Danny — explicou o Líder Eficaz. — Ao não elogiar as pessoas sempre que fazem algo certo, você as ajuda a aprender a se auto-elogiar em vez de esperar que os outros o façam toda vez.

— Isso faz muito sentido — concordou Daniel.

No dia seguinte, o Líder Eficaz telefonou para Mo Zellinger. — Quero falar com você logo depois do almoço, assim que for possível — disse.

Ansioso, Mo chamou alguns colegas para ver se eles sabiam o que estava acontecendo.

— Provavelmente demissões — advertiu Mary Weisman.

— Foi um prazer tê-lo conhecido — reagiu Javier Robles.

Quando Mo chegou, o Líder Eficaz perguntou se ele queria uma xícara de café.

— Não, obrigado, vamos acabar logo com isto — disse Mo.

— Você sabe por que veio aqui hoje? — perguntou o Líder Eficaz.

Pensamentos negativos cruzaram a mente de Mo. Ele sabia que devia ter feito alguma coisa errada.

— Quero que você saiba como estou satisfeito com o seu trabalho ultimamente — continuou o Líder Eficaz. — A produção está crescendo e a folha de pagamento está abaixo do previsto. Obrigado pela atitude positiva e pelo esforço.

Mo ficou boquiaberto, sem conseguir falar nada.

— Parece que você viu um fantasma — disse o Líder Eficaz. — O que aconteceu?

— Pensei que o senhor tivesse me chamado para me demitir.

— Por que será que todas as vezes que o chefe chama as pessoas acham que é notícia ruim? — perguntou ele. — Eu queria elogiá-lo, e não mandá-lo embora.

Mo percebeu, repentinamente, que havia conquistado a confiança e o respeito do Líder Eficaz — e que este também havia conquistado a sua confiança e o seu respeito. Ele refletiu sobre o poder do elogio, e como era um modo fácil e barato de fazer as pessoas se sentirem valorizadas. O Líder Eficaz enviou, mais tarde, a seguinte mensagem para todos:

O elogio é a maneira
mais fácil de fazer que
as pessoas saibam
que são apreciadas.

Depois de ler a última mensagem do Líder Eficaz, Denzel Frederick teve uma idéia de como criar uma via de reconhecimento de mão dupla. Por sua própria iniciativa, ele instituiu um programa básico chamado "Meus Cumprimentos".

— Quando vejo alguém do meu grupo agindo para que a integridade, a parceria e o reconhecimento se tornem realidade, na hora eu concedo à pessoa um certificado personalizado agradecendo sua ação como Embaixador da Combinação Secreta: o que eu chamo um ECS — explicou Denzel, entusiasmado.

Outros membros da equipe logo adotaram a idéia de Denzel. Larry Jensen até começou a dar certificados a clientes externos e vendedores que demonstravam um comportamento ECS.

O Líder Eficaz, que acreditava firmemente no conceito de surpreender as pessoas fazendo a coisa certa, tinha um estoque de certificados impressos de "Meus Cumprimentos" para cada um dos membros da equipe. Ele escreveu a seguinte nota na capa de cada um dos blocos de anotações:

Cada um de nós tem
a capacidade de reconhecer
as boas qualidades dos outros.

A equipe do Líder Eficaz descobriu que havia inúmeras oportunidades de distribuir certificados de "Meus Cumprimentos" a Embaixadores da Combinação Secreta que os mereciam. Algumas vezes, entretanto, as coisas não iam tão bem. Quando o desempenho dos membros da equipe ficava abaixo do nível esperado, claramente não se devia elogiá-los.

O Líder Eficaz sabia que indivíduos com baixo desempenho eram, ainda assim, capazes de realizar um bom trabalho. Em vez de concentrar sua energia no baixo desempenho deles, ele redirecionava seus comportamentos para trazê-los de volta ao caminho certo. Para tanto, reunia-se com eles para revisar planejamentos estratégicos, alocava-os em projetos nos quais seus talentos podiam ser mais bem utilizados, ou conseguia que os colegas de equipe funcionassem como seus orientadores. Quando o desempenho deles melhorava, o Líder Eficaz mostrava seu reconhecimento por meio de elogios.

Dentro do espírito de reconhecimento, o Líder Eficaz também decidiu implantar alternativas de horário que favorecessem a vida familiar de cada um, como jornada flexível, divisão de tarefas, trabalho em casa e concentração do trabalho em alguns dias da semana.

— Tenho certeza de que todos vocês têm vida fora do trabalho — disse ele à equipe.

Além disso, o Líder Eficaz instituiu — como recompensa por um desempenho extraordinário — pausas para aliviar o estresse e arejar a mente. Folgas pagas, vales para massagem, projetos de diversão no trabalho, iniciativas para estimular o espírito de equipe e inscrições em academia de ginástica foram alguns dos exemplos.

— Pausa para higiene mental é você dar uma parada no trabalho para refrescar a cabeça — ressaltou. — É uma folga consciente para o cérebro.

Naquela semana, o Líder Eficaz mandou por e-mail a seguinte mensagem para cada membro da equipe:

Você irá muito mais longe
se parar para reabastecer.

No restante do terceiro trimestre, o Líder Eficaz passou pelos testes toxicológicos semanais e continuou a fazer do reconhecimento a prioridade máxima da equipe. Ele percebeu que estava ficando mais fácil encontrar oportunidades de elogiar as pessoas, já que todo o grupo estava se esforçando para basear seu comportamento nos valores da Combinação Secreta.

Enquanto isso, começaram a circular rumores sobre a queda de moral no grupo de referência do Desafio Sem a Pílula. Diversos relatórios não confirmados davam conta de que o líder do grupo de referência tinha se acostumado a usar um estilo de liderança autoritário e freqüentemente implacável, do tipo "tem de ser do meu jeito". Enquanto esse estilo coercitivo tinha impressionado inicialmente a equipe como sinal de energia e decisão, eles agora se sentiam oprimidos e desmoralizados.

Outro relato afirmava que a produtividade do grupo de referência do Desafio Sem a Pílula estava declinando fortemente, e que o líder da equipe tinha se tornado ainda mais dominador e controlador. Para atingir os resultados, as pessoas estavam sendo sobrecarregadas de trabalho até o limite da exaustão.

A diretora de RP da IPL respondeu à mídia com a esperança de acalmar os temores dos acionistas.

— Não é coincidência que, decorridos dois trimestres, o favorito inconteste do Desafio Sem a Pílula seja o grupo cujo líder está tomando doses diárias da Pílula da Liderança — comentou. — Não é preciso dizer que estamos muito satisfeitos com os resultados.

Apesar da retórica confiante da diretora de RP, o Conselho Nacional para a Segurança da Pílula iniciou uma investigação para examinar os efeitos do uso prolongado da Pílula da Liderança. O preço das ações da IPL caiu pela primeira vez quando o terceiro trimestre do Desafio Sem a Pílula terminou de modo abrupto.

APERFEIÇOANDO A COMBINAÇÃO

"É a reta final!", estampavam as manchetes dos jornais de todo o país depois que os resultados do terceiro trimestre do Desafio Sem a Pílula foram anunciados.

Para espanto da imprensa especializada que acompanhava a disputa, a equipe do Líder Eficaz estava agora cabeça a cabeça com o grupo de referência no item lucro, mas já o ultrapassava em moral e atendimento ao cliente.

— Nosso Triplo Resultado Final parece melhor do que nunca — declarou o Líder Eficaz. — O número de reclamações dos clientes está caindo, enquanto que o moral e o desempenho operacional estão praticamente perfeitos. Embora nossa margem de lucro esteja um pouco abaixo do previsto, planejamos dar uma arrancada nestes últimos três meses do Desafio Sem a Pílula.

O presidente da IPL não respondeu às perguntas dos repórteres sobre a razão de os resultados do grupo de referência do Desafio Sem a Pílula terem caído em relação ao trimestre anterior. Também evitou comentar as especulações que diziam que, embora a Pílula da Liderança fosse capaz de produzir resultados a curto prazo, talvez não fosse tão eficaz a longo prazo.

Talvez a descoberta mais chocante fosse o aumento da rotatividade entre os empregados do grupo de referência do Desafio Sem a Pílula. Entrevistas pós-demissionárias feitas por repórteres davam a entender que o líder desse grupo parecia nunca ter querido compartilhar poder e informação. Essa atitude manteve os membros da equipe em uma situação de dependência que fez com que se sentissem inferiorizados, desmotivados e ressentidos.

As ações da IPL despencavam conforme ruía a confiança na Pílula da Liderança. Procurando evitar um desastre no quarto trimestre, o líder do grupo de referência começou a tomar doses quádruplas da Pílula da Liderança.

No meio de todo esse caos, o Líder Eficaz manteve a atenção de sua equipe voltada para os três valores da Combinação Secreta.

— É hora de nos reorganizarmos — disse ele à equipe na reunião. — Vamos para o lance final; portanto, nada de hesitação!

— Qual é o seu plano de ataque? — perguntou Sarah Hawkins, empolgada.

— Vou delegar a responsabilidade de tomar essa decisão à equipe — respondeu o Líder Eficaz. — Durante o ano todo, vocês adquiriram competência e confiança ao trabalharem a integridade, a parceria e o reconhecimento. Agora que estamos no final do Desafio Sem a Pílula, vocês é que vão dizer como tornar esses valores realidade.

— E se nós falharmos? — perguntou Javier Robles.

— Certa vez, um líder sábio me orientou a mostrar o alvo e sair da frente — disse o Líder Eficaz.

— Não entendo o que o senhor quer dizer — disse Javier.

— Confiem na capacidade de pensar por vocês próprios; não quebrem a cabeça. Eu lhes dou as condições de atingir o objetivo; entretanto, vocês devem agir como acharem melhor. Avaliem da melhor maneira possível e eu estarei aqui para apoiá-los — garantiu o Líder Eficaz enquanto escrevia uma nova mensagem no quadro branco:

As pessoas passarão a
pensar por si próprias
quando você parar de
pensar por elas.

Ryan Fletcher e Larry Jensen se reuniram durante o primeiro mês do trimestre final para promover um almoço de agradecimento aos clientes.

— Larry e eu estabelecemos novas maneiras de melhorar a comunicação com nossos usuários finais, combinando nossas experiências respectivas em atendimento ao cliente e *marketing* ao mesmo tempo em que levamos a eles uma mensagem positiva — explicou Ryan ao restante da equipe.

— O fortalecimento da ligação com os clientes leva à confiança mútua e à parceria — acrescentou Larry.

Enquanto isso, Melissa Eckert completou seu programa de treinamento em liderança. Aproveitou, então, o conhecimento de Li Young Kitoko no desenvolvimento de *software* para criar um programa voltado aos formadores de líderes. Antes do segundo teste, trouxeram um protótipo para o Líder Eficaz.

— Demos um nome apropriado ao programa: "Liderança É Mais do Que Uma Pílula". Também sugerimos uma mensagem adequada para o começo do primeiro módulo — disse Melissa ao Líder Eficaz enquanto clicava na tela correspondente:

Liderança é o processo
de fazer que todos
cheguem ao lugar a que
deveriam chegar.

À medida que a confiança e a determinação da equipe aumentavam, o Líder Eficaz assumiu um novo comportamento: ele agora passava a maior parte do tempo garantindo aos membros do grupo os recursos de que precisavam. Dava-lhes crédito quando eles mereciam, encorajava-os a pensar por si próprios, e insistia para que interrompessem o trabalho e arejassem a mente quando precisassem diminuir o estresse.

O Líder Eficaz também continuou à disposição dos membros da equipe por meio do processo de treinamento individual e da convivência na batalha do dia-a-dia, quando insistia para que eles opinassem sobre os progressos em andamento. Conforme se aproximava o final do Desafio Sem a Pílula, ficava claro para ele que cada membro da equipe estava vivendo segundo os valores da Combinação Secreta.

— Não há dúvida nenhuma, *esta* é uma equipe de alto desempenho — declarou o Líder Eficaz na última reunião.

Por iniciativa própria, Melissa Eckert dirigiu a reunião. Seu amadurecimento na função era visível.

Depois das observações finais de Melissa, Denzel Frederick levantou-se e presenteou o Líder Eficaz com um certificado de "Meus Cumprimentos" gigante assinado por todos os membros da equipe.

— Nós percebemos que ser Embaixador da Combinação Secreta é andar em uma via de mão dupla. Este é o modo que encontramos para agradecer ao senhor por tudo o que nos ensinou sobre a Combinação Secreta — disse Denzel. — O senhor é o supremo ECS!

Tocado pelo gesto da equipe, o Líder Eficaz deixou um último pensamento no quadro branco:

A maior conquista que
um líder pode obter é
ganhar o respeito e a
confiança de sua equipe.

O FIM E UM COMEÇO

Uma enorme multidão se reunia na entrevista coletiva em que os examinadores da comissão independente se preparavam para anunciar o resultado final do Desafio Sem a Pílula. Depois que o público se sentou, o porta-voz da comissão leu para a imprensa a declaração oficial:

— Depois de 12 meses de emocionante competição, temos a honra de anunciar que a vencedora do Desafio Sem a Pílula é, na verdade, a equipe que foi liderada durante todo um ano sem as Pílulas da Liderança. Gostaríamos de parabenizar o Líder Eficaz e sua equipe de primeira.

A equipe do Líder Eficaz ficou de pé para dar vivas e aplaudir quando ele subiu ao pódio para se dirigir aos presentes.

— Ultrapassamos os objetivos pessoais e gerais de desempenho em nosso Triplo Resultado Final — começou o Líder Eficaz. — Agradeço a este talentoso grupo de indivíduos, que merece o crédito pelo que aconteceu. Embora seja, com certeza, uma conquista admirável, durante todo o tempo eu sabia que nós iríamos alcançá-la.

O Líder Eficaz fez uma pausa para apertar a mão de cada membro da equipe. Voltou, então, sua atenção para a multidão.

— Líderes eficazes ganham o respeito e a confiança de suas equipes dia após dia — ressaltou. — Eles percebem que leva tempo para aperfeiçoar a combinação correta de integridade, parceria e reconhecimento. Essencialmente, a Mistura Secreta é uma pílula potente para a liderança eficaz no longo prazo.

O Líder Eficaz contemplou o grupo novamente com visível orgulho e gratidão. Depois, prosseguiu:

— A equipe e eu queremos que vocês levem para casa uma amostra das pérolas de liderança que nos guiaram durante o Desafio Sem a Pílula. Foram essas verdades simples que nos ajudaram a permanecer fiéis aos valores da Combinação Secreta adotados por nós. Elas podem ser aplicadas imediatamente por qualquer um que queira se tornar um líder mais eficaz, seja de uma equipe ou de si próprio.

O Líder Eficaz pegou, então, uma pilha de folhetos plastificados e pediu que a equipe os distribuísse aos presentes, enquanto lia em voz alta a cópia que tinha ficado com ele.

Combinação Secreta para a Liderança Eficaz

Liderança não é algo que você faz *para* as pessoas, é algo que faz *com* elas

Integridade

- Liderar com integridade significa ser a pessoa que você quer que os outros sejam.
- A confiança acontece quando valores e comportamentos coincidem.
- As pessoas se sentem mais dispostas a confiar em você e a respeitá-lo quando o que você diz e o que você faz são a mesma coisa.

Parceria

- A chave para a liderança eficaz é a relação que você estabelece com a sua equipe.
- Quando você compartilha as informações, todos ficam no mesmo nível.
- É mais fácil chegar ao topo da montanha quando a escalamos juntos.

Reconhecimento

- O elogio é a maneira mais fácil de fazer que as pessoas saibam que são apreciadas.

- Cada um de nós tem a capacidade de reconhecer as boas qualidades dos outros.
- Você irá muito mais longe se parar para reabastecer.

APERFEIÇOANDO A COMBINAÇÃO

- As pessoas passarão a pensar por si próprias quando você parar de pensar por elas.
- Liderança é o processo de fazer que todos cheguem ao lugar a que deveriam chegar.
- A maior conquista que um líder pode obter é ganhar o respeito e a confiança de sua equipe.

Todos ovacionaram de pé o Líder Eficaz quando ele desceu do pódio para se juntar à sua equipe e comemorar a vitória. Naquele instante, ele teve a clara percepção de que aquele grupo de pessoas tinha feito mais do que vencer o Desafio Sem a Pílula. Elas podiam, agora, vivenciar os valores básicos de integridade, parceria e reconhecimento sozinhas.

Isso que é liderança eficaz, pensava o Líder Eficaz enquanto se despedia.

A diretora de Relações Públicas da Indústria de Pílulas da Liderança, entretanto — ainda chocada com o resultado do Desafio Sem a Pílula —, continuava sentada em sua cadeira.

— A Pílula da Liderança acabou — murmurou ela, franzindo a testa, para o presidente da IPL sentado ao seu lado.

— Bobagem! — disse o presidente com um surpreendente entusiasmo. — Vamos dar vida nova à Pílula da Liderança!

— Não estou entendendo — disse a diretora de RP.

— Agora que a Combinação Secreta para a liderança eficaz não é mais segredo, só precisamos reformular a Pílula da Liderança — replicou o presidente. — Como disse o Líder Eficaz, integridade, parceria e reconhecimento são os ingredientes da liderança no longo prazo.

A diretora de RP se recompôs.

— Bem observado — disse ela ao presidente, e se entregaram a um frenético *brainstorm*. — Talvez pudéssemos contratar o Líder Eficaz para fazer parte da nossa equipe de pesquisa e desenvolvimento. Poderíamos trocar nosso *slogan* para ***Liderança para a Vida Toda...***

AGRADECIMENTOS

Agradecemos às seguintes pessoas, que, com sua atitude positiva e por meio de sua integridade, parceria e reconhecimento constantes, ajudaram a tornar realidade *A Pílula da Liderança*: Fred Hills, o competente editor da Free Press (Simon & Schuster) e Margret McBride, por captarem o entusiasmo inicial do livro; Richard Andrews, Humberto Medina, Dottie Hamilt, Anna Espino, Martha Lawrence e a Equipe de Marketing Best-Seller do Grupo Ken Blanchard; Jerome Althea e Sylvester McBean, pela inspiração; Lauren Keith, Steve Jensen, Pam Johnson, Ron e Sherri Muchnick, Mark e Maxine Rossman, Mo M. Morris, Steve Z., Johnny e Junior Schraibman, Ryan Sherpco, o doutor Lawrence Hier III, Tim Haggstro, Sal Bernstein, Chayks, Moshe Maoz, os estimados membros do Skaneateles Country Club, e outros que fizeram leituras críticas.

Além desses, agradecemos às pessoas que trabalham com Ken e cujas idéias ajudaram igualmente as reflexões de Marc, incluindo Margie Blanchard, Ichak Adizes, Jim Ballard, Sheldon Bowles, Hal Burrows, Don Carew, Eunice Parisi-Carew, John Carlos, Garry Demarest, Chris Edmonds, Fred Finch, Susan Fowler, Bob Glaser, Laurie Hawkins, Paul Hersey, Phil Hodges, Bill Hybels, Spencer Johnson, Thad Lacinak, Robert Lorber, Michael O'Connor, William Oncken Jr., Norman Vincent Peale, Alan Randolph, Dana e Jim Robinson, Don Shula, Chuck Tompkins, Terry Waghorn, Drea Zigarmi e Pat Zigarmi, entre outros.

Somos gratos a todos vocês do fundo do coração!

ATIVIDADE EMPRESARIAL DOS AUTORES

The Ken Blanchard Companies são líderes mundiais em cursos ministrados no local de trabalho e centrados na produtividade funcional e na eficácia da liderança. Construída com base nos princípios apresentados nos livros de Ken, a empresa é também reconhecida como inigualável nos processos de desenvolvimento da capacidade de liderar, na obtenção de resultados no treinamento de pessoal e na melhora de desempenho das lideranças para alcançar objetivos estratégicos. Por meio de seminários e consultoria nas áreas de trabalho em equipe, atendimento ao cliente e mudança organizacional, entre outras, The Ken Blanchard Companies não apenas ajudam pessoas a crescer mas também garantem que elas passem com eficiência do aprendizado à ação.

O People First Group, fundado por Marc Muchnick no início da década de 1990, oferece serviços de primeira linha, como palestras motivacionais, desenvolvimento de técnicas, assessoria organizacional e gerência voltada ao desempenho, para várias grandes companhias dos Estados Unidos da América e organizações líderes mundo afora. Credenciado por sua abordagem inovadora dos processos de liderança, como atrair e conservar o talento na empresa, gerência e motivação das gerações X e Y, trabalho em equipe, automotivação e como enfrentar as mudanças, o People First Group é líder comprovado quando se trata de ajudar organizações a reconhecer o poder da motivação, da avaliação e do desenvolvimento de pessoal.

The Ken Blanchard Companies
125 State Place
Escondido, CA 92029
800/728-6000 e 760/489-5005
www.kenblanchard.com

People First Group, LLC
13354 Grandvia Point
San Diego, CA 92130
858/259-1228
www.peoplefirstgroup.com

Impresso na ArtPrinter
em outubro de 2003